DERNIERS
INSTANTS

DE

M. L'ABBÉ CH. CORNIL

CURÉ DE GANNAT

Par M. l'Abbé Périgaud.

GANNAT

IMPRIMERIE DIDIER DAUBOURG.

—

1869

DERNIERS INSTANTS

DE

M. l'Abbé Ch. CORNIL

CURÉ DE GANNAT

> J'ai dit : je m'en vais aux
> portes du tombeau, et je ne
> verrai plus le tabernacle de
> mon Dieu dans la terre des
> vivants.
> Ma génération (que j'avais
> formée) m'a été enlevée, et
> je suis comme la tente du
> Pasteur qu'on replie pour
> l'emporter. *(Cantique d'Ezé-*
> *chias en Isaïe, 38)*.

M. le Curé de Gannat vient de mourir et il est mort comme meurent les saints : après une vie consumée dans les bonnes œuvres et abrégée par l'ardeur de son zèle, il vient de rendre son âme à Dieu dans les plus grands sentiments de piété chrétienne et sacerdotale. Mais avant de retracer, pour la consolation de ceux qui lui sont chers, quelques-uns des traits si édifiants de ses derniers moments, qu'on nous permette un regard rapide sur une vie toute entière dont le couronnement nous a ravis naguère d'une si sainte et si douloureuse admiration.

M. l'abbé Christophe Cornil, chanoine honoraire de la cathédrale de Moulins, mort curé de Gannat, était né l'an 1809, le 19 décembre. De bonne heure il sentit le souffle de l'inspiration divine qui tournaît ses inclinations vers l'autel ; aussi il entra très-jeune au petit séminaire d'Iseure, fit ses études théologiques au grand séminaire de Moulins, retourna au berceau de son éducation pour y exercer le professorat, et ce fut pendant ce temps que, le 22 décembre 1832, il fut élevé à la sublime dignité du sacerdoce ; il était âgé de 23 ans 3 jours. Il exerça les fonctions de curé de Gennetines, fut en 1833, nommé secrétaire de l'Evêché ; trois ans après, reçut la cure d'Iseure et, en 1839, la haute confiance de ses supérieurs ecclésiastiques l'appela à remplir un des postes les plus importants de notre diocèse. M. l'abbé Henri, curé de Gannat, venait d'être transféré au vicariat général ; et, pour remplacer un prêtre si accompli qui, pendant son court passage à Gannat, avait cependant laissé des traces si profondes de respect et d'amour, ce fut M. l'abbé Cornil, alors âgé de 29 ans, que ses rares qualités désignèrent, malgré sa grande jeunesse, au choix de son vénérable évêque. Aussi M. Cornil répondit-il de toute l'énergie de son âme à ce que ses supérieurs et ses paroissiens attendaient de lui. Sa prudence déjà consommée dans un âge si jeune, la douce insinuation de ses manières, la remarquable habileté et l'inébranlable fermeté de son esprit, la dignité soutenue de tous ses rapports, surent le tirer des pas dangereux qu'il eut à poser souvent à côté des abîmes ; et son zèle trouva dans les ressources de son pays de quoi alimenter son ardeur pour le bien et laisser des monuments

impérissables de son passage parmi nous.
Car c'est à son besoin noblement secouru
de se répandre en bienfaits; c'est à son
ingénieuse perspicacité à profiter des ressources du moment, que notre ville doit
ou la création, ou l'amélioration de presque
toutes les institutions qui, dans la jeunesse
confiée à leurs soins, accomplissent si bien
leur œuvre de régénération chrétienne et
sociale ; c'est à son initiative intelligente
et zélée qu'est dû l'établissement des Frè-
res, qui n'ont pour tout mobile à leur pénible mission que l'amour du dévouement;
c'est à son administration, heureuse d'a-
voir quelque bien à faire, que les mères de famille doivent de trouver à l'Asile
un abri tutélaire, où la charité la plus dé-
sintéressée prend soin des tendres années
de leurs petits enfants avec toutes les précautions de la plus admirable maternité;
c'est à son concours bienveillant, appuyé
sur la générosité toute admirable d'une personne jadis bien connue parmi nous pour
son affection privilégiée envers les orphe-
lins, que les pauvres enfants, laissées
seules sur la terre, doivent de trouver à
l'Orphelinat un refuge contre l'abandon,
et dans des mères selon la grâce, un
cœur pour les aimer; à ses soins enfin, que nous devons d'avoir dans nos
murs une pension de plus, une maison de
solide éducation, où les jeunes personnes
vont former leur esprit à la science et leur
cœur à la piété, et se préparer ainsi aux
grandes fonctions qu'elles sont appelées à
remplir un jour dans la famille chrétienne

dont elles seront l'ange, l'âme et la vie. Et l'Eglise, que nous sommes tous si justement fiers de montrer à l'admiration des étrangers, tout cet ensemble d'ordre, de richesses et d'harmonie qui en font un temple où l'âme se plait à penser à Dieu, à qui le devons-nous, sinon à ses libéralités et à son zèle si magnifiquement et si généreusement secondé par des âmes chrétiennes qui ont su le comprendre.

Et puisque nous en sommes à pleurer sur un tombeau, et à évoquer devant nous les souvenirs du passé, pour nous consoler des tristesses du présent, pourquoi laisser dans le silence de l'oubli tant d'autres monuments de sa charité vraiment paternelle et sacerdotale? monuments invisibles, il est vrai, mais qui n'en élèvent pas moins dans le mystère des souvenirs de chacun, l'irrécusable témoignage de tout le bien qu'il a fait parmi nous. Oui, qu'ils se lèvent, tous ceux qui ont contracté vis-à-vis lui la dette sacrée de quelque reconnaissance! Qu'ils se lèvent les déshérités de ce monde, qui ont reçu de son inépuisable charité, les uns, le pain destiné à soutenir leur misérable existence aux jours où la torture de la faim oppressait leur poitrine et celle de leurs petits enfants; les autres, le bois nécessaire au foyer de famille pendant les rigueurs de l'hiver; ceux-ci, les vêtements pour recouvrir leur nudité; ceux-là, le logement pour abriter leur détresse en attendant des jours meilleurs! Qu'ils se lèvent les pauvres qui ont reçu dans leurs mains, qu'une fausse honte les empêchait de tendre, des aumônes secrètes en rapport avec leur souveraine misère et avec la noble largesse de son cœur! Qu'ils se lèvent les affligés de toute sorte qu'il a consolés par les bienfaits tombés de ses mains et par les paroles de foi, d'espérance et d'amour qu'il savait si bien tirer de son âme et répandre comme un baume d'une ineffable douceur, sur toutes les plaies offertes à ses soins paternels! Qu'ils se lèvent, en un mot, tous ceux qui ont à recueillir dans leurs plus chers souvenirs, une parole de bon conseil ou d'encouragement, une prévenance de son affable bonté, un acte de sa compatissante bienfaisance, échappés à la si légitime ambition qu'il avait d'être le père de tous par les bienfaits, comme il l'était de tous par le devoir. Eh bien! que tous ceux-là se lèvent, et tous, nous le savons, n'auront qu'une voix pour dire des trente années de son ministère parmi eux, ce que l'Evangile dit de notre modèle et maître : *Il a passsé en faisant le bien.* Oui, il a fait le bien, car le bien était le rêve de toute sa vie : le bien des âmes et la gloire de Dieu, voilà où convergeaient, comme vers leur centre, tous les rayons de son existence; et ceux qui l'ont approché de plus près peuvent témoigner qu'en le faisant, il ne cherchait nullement sa gloire, *mais la gloire de celui qui l'avait envoyé.* Sans doute, il savait la recommandation qui nous a été faite, de faire briller la lumière de nos bonnes œuvres, pour qu'en la voyant, les hommes glorifient notre commun Père qui est au ciel; mais sa

grande humilité craignait pour ses actes
de vertus le grand jour de la publicité, et
nous l'avons vu, jusqu'à son dernier soupir, couvrir sous le voile d'une modestie,
dont les jalouses précautions ne se démen-
tirent jamais, tout ce qui aurait pu, dans
ses paroles, dans ses regards, même dans
sa sublime résignation, nous donner une
idée des prodiges de sainteté qui se con-
sommaient en lui à ce moment suprême.
Aussi donnait-il sa prédilection à cette autre recommandation du Sauveur, qui, en
diminuant peut-être ses mérites aux yeux
des hommes, les augmentaient considéra-
blement devant Celui qui seul, peut et sait
mettre la couronne de justice au front de
ses élus : « Quand vous faites du bien, ne
le faites pas pour être vus des hommes, au-
trement vous n'auriez pas ailleurs d'autre
récompense ; que votre droite ignore ce
que fait votre main gauche, que vos aumônes se fassent dans le secret, afin que Celui
qui voit tout ce qui est dans le secret, vous
le rende au jour de ses éternelles justices. »
Et c'est pourquoi, malgré le magnifique
témoignage que ses bonnes œuvres con-
nues rendent de lui dès maintenant, ce ne
sera qu'au dernier des jours, alors que
sera manifesté à la face du ciel et de la
terre tout ce qui aura été tenu dans l'om-
bre, ce sera alors que sortiront du secret
où il s'évertuait à les enfouir, la multitude
de ses œuvres de charité ; et elles en sortiront brillantes de toute l'ardeur de la foi
qui les a produites, et de toutes les clartés
célestes qui les environneront comme

d'un manteau de gloire; et elles en sortiront avec cette splendeur, pour la confusion et l'étonnement de ceux qui auraient pu les méconnaître à cause du voile mystérieux sous lequel il les tenait cachées, et pour le ravissement de tous ceux qui en ont été ou l'objet, ou les secrets admirateurs.

L'Evangile nous apprend qu'il faut juger l'arbre à ses fruits et qu'il tombe du côté où il penche : est-il donc étonnant que M. le Curé ait produit de tels fruits de sainteté à ses derniers moments, quand toute sa vie s'est ainsi consumée dans les bonnes œuvres; et qu'il nous ait donné, en nous quittant, l'attendrissant spectacle d'une mort sans pareille dans nos souvenirs, quand, tout autour de nous, les vestiges qu'il y a laissés nous disent assez haut qu'un saint prêtre est passé par là !

Maintenant que nous avons esquissé à grands traits la carrière de vertus que M. le Curé a parcourue durant les trente années de son laborieux ministère, arrivons en de suite au récit des derniers instants qui l'ont si dignement terminée; et, à ce sujet, qu'on nous permette de reproduire textuellement les souvenirs qu'aussitôt après sa mort, nous eûmes la douleur de recueillir avec nos larmes, et d'exprimer par la voix de la presse à tous ceux qui attendaient de nous le témoignage de cette légitime reconnaissance.

La maladie qui l'a conduit au tombeau avait pris racine en lui depuis près de cinq ans; mais, il y a deux mois, elle se développa tout à coup avec des caractères on ne peut plus alarmants. Ce dernier période commencé par une atonie complète d'estomac, finit par une complication de sa maladie de poitrine, et enfin, par le triste dénouement qui vient de nous l'enlever avant le temps. Depuis quelques jours déjà les frissons de la fièvre faisaient trembler ses membres, et mercredi soir, il se mit au lit avec le pressentiment certain de sa fin prochaine.

Jusqu'à ce moment, malgré toutes les épreuves de sa longue maladie, malgré les manifestations les plus évidentes du dépérissement intérieur qui s'opérait en lui, lui seul était dans l'illusion sur la réalité désespérante de son mal, et ne voyait encore que dans le lointain un évènement qui devait, hélas! arriver si vite. Trois jours auparavant, il pensait aux préparatifs d'un voyage qui devait transporter sa pauvre santé sous un climat plus doux; et ce fut seulement la veille de sa mort, mercredi, vers les trois heures du soir, après une journée et une nuit qu'il disait les plus mauvaises de sa vie, que toute illusion s'évanouit de ses yeux pour ne plus laisser place qu'à la déplorable réalité.

Alors, contrairement à l'habitude qu'il avait, à notre grand regret, de passer ses jours et ses nuits sans personne pour le soigner, il nous pria cette fois de ne plus le quitter, se mit au lit, reçut les Sacrements avec une foi ardente comme sa vie et reconnaissante comme son cœur; puis, au moment où ce spectacle si navrant

d'un homme qui se voit mourir, et à
la fois, si édifiant d'un prêtre qui répond
lui-même aux paroles de ses derniers Sacrements; au moment, dis-je, où ce spectacle arrachait à nos yeux des larmes et à
nos cœurs des sanglots; au moment où le
Dieu des mourants était avec lui, et où les
onctions saintes déposaient dans son corps
et dans son âme une provision de forces
célestes pour les derniers combats, il entra dans un profond recueillement; et, ra-
massant toutes ses forces avec l'énergie
de sa foi, il se mit à nous exprimer des
sentiments si touchants qu'ils resteront à
jamais gravés dans notre souvenir, comme
le type parfait du chrétien qui pense à son
âme, et du pasteur qui porte jusque dans
les sublimes préoccupations de son salut,
la préoccupation du salut de son troupeau :

« Maintenant je suis prêt, dit-il, je suis
prêt pour aller dans mon éternité. Je crois,
j'ai toujours cru et je croirai jusqu'à mon
dernier soupir toutes les vérités de la re-
ligion, et je crois par avance tout ce que
l'Église décidera au Concile. Dites à mes
paroissiens que je les ai aimés pendant
toute ma vie, que je les aime encore beau-
coup à ma mort, et que je les aimerai bien
davantage si je vais au ciel bientôt ! Je vou-
drais leur dire adieu à tous, mais je sens
que je n'en ai ni la force, ni le temps;
vous, mes enfants, dites-leur adieu de ma
part; dites-leur que je pardonne à ceux
qui m'ont causé quelque peine, et que,
d'ailleurs, je les ai toujours pardonnés et
excusés parce qu'ils étaient plus ignorants

que coupables. Allons, priez pour moi ; il faut être si pur pour aller au ciel ! Adieu, adieu, adieu ! » Il nous parla ainsi pendant une dizaine de minutes, nous reconnaissant tous, ayant un mot pour tous, et avec une présence d'esprit qui aurait fait croire à une illusion, si sa parole presque éteinte et saccadée ne nous avait trop convaincus que nous n'avions devant nous qu'un cadavre agité par un dernier souffle de vie. Il demanda que le Saint-Sacrement restât à côté de lui dans sa petite chapelle où, depuis qu'il était malade, il offrait tous les jours notre adorable sacrifice, la seule, disait-il, de ses consolations, avec la récitation du Bréviaire. Effectivement, durant ses longues insomnies du matin, il se privait de prendre quelque chose qui pût calmer ses violents accès de toux, pour avoir le bonheur de dire la messe, et il n'a omis de son Bréviaire, avant de mourir, que les vêpres de la veille de sa mort. Une fois retombé sur son lit de souffrance, il nous demanda l'heure ; il était six heures du soir et je l'entendis s'écrier : Oh ! il n'y aura rien jusqu'à minuit, mais après... après !... En effet, quelques heures après, une cruelle agonie commença, tout en lui laissant assez de présence d'esprit pour qu'il nous fît cette recommandation, qui montre jusqu'à quel point il portait le sentiment de sa dignité sacerdotale même entre les bras de la mort : « Dites qu'on fasse ma bière bien grande ; car, ajouta-t-il, la chair d'un prêtre doit être respectée. » Oui, cher défunt, nous l'avons respectée cette dernière

de vos volontés; ce ne sont pas des mains
étrangères et profanes, mais les mains de
vos enfants, des mains consacrées comme
les vôtres, qui vous ont rendu le pénible
devoir de la sépulture; ce sont nos mains
qui, tant de fois, vous ont aidé à vous re-
vêtir pour l'autel, quand vous étiez de-
bout, qui, cette fois encore, la dernière,
hélas! ont couvert votre corps sans vie
des glorieux insignes de votre sacerdoce.
Ils vous ont rendu ce devoir, doulou-
reusement affectés, il est vrai, de n'a-
voir plus qu'un cadavre à entourer de
leurs soins affectueux, mais consolés de
ne plus vous voir sous l'empire de la souffrance, et de savoir votre âme sainte entre
les mains de Dieu.

A partir de ce moment, c'est-à-dire vers
les dix heures de la nuit, il fut assailli de
violentes crises de poitrine et d'estomac
qui durèrent huit heures consécutives :
tantôt se roulant sur son lit, tantôt se le-
vant sur son séant, tantôt cherchant de
ses bras décharnés et de ses regards in-
quiets ou nos bras pour y suspendre les
siens, ou nos poitrines pour y trouver du
repos; mais toute position était pour lui
intolérable, et au milieu de ces tortures,
dont la seule vue faisait frémir notre pro-
pre patience, il ne laissait sortir de ses lèvres que ces gémissements continuellement
répétés : Mon Dieu! que je souffre! Hôlà!
oui, mon Dieu; non, mon Dieu! Une fois
je l'entendis prononcer en latin la parole
du Sauveur sur la croix : *Ut quid Domine
dereliquisti me?* mon Dieu, pourquoi m'a-

vez-vous abandonné? Et au sujet de cette plainte, échappée à son âme abreuvée d'angoisses, l'un de nous lui ayant dit : Mais M. le Curé, le bon Dieu ne vous a pas abandonné ; vous avez demandé qu'il restât à côté de vous, il est là sur la croix avec vous ! A cette bonne parole, au souvenir de l'amour et de la croix de Celui qui nous a tant aimé et qui a tant souffert pour nous, un reflet de sérénité et de joie toute surnaturelle illumina son visage, auparavant contracté par la souffrance ; et il se mit à faire cette réponse qui est encore pour nous un mystère : « Oh ! ce n'est pas du bon Dieu que je parle. » Et tous ces gémissements que la douleur lui arracha depuis neuf heures du soir jusqu'à l'aube du jour, il les poussait comme étouffés par la résignation d'une âme qui, habituée à maîtriser son corps au temps de sa vigueur, le dominait encore énergiquement jusque sous les frissons du trépas. On voyait dans ses regards perçants, tantôt tournés vers le ciel, tantôt fixés dans les nôtres, comme une supplication muette ; toute son âme semblait s'y être portée pour *s'élever vers les montagnes saintes, d'où lui viendrait le secours.*

Enfin, vers les six heures du matin, les crises se taisent, un affaissement très-grand succède à l'agitation terrible de la nuit ; sa poitrine, qui jusque-là avait expectoré, se remplit peu à peu, en sorte qu'on aurait pu calculer les pas de la mort au flot montant de scories pulmonaires qui devaient finir par l'étouffer. Il reçut encore le Saint-Viatique, chercha de ses deux mains déjà crispées par la mort, le chapelet suspendu à son cou, comme pour s'assurer qu'il avait avec lui son arme pour le dernier combat; joignit ses mains en signe de recueillement, éleva une dernière fois ses yeux, alors voilés par les ombres du trépas, vers le ciel et vers nous, comme pour nous dire un suprême adieu, fit un effort pour murmurer l'*In manus tuas commendo spiritum meum*, que nous nous efforcions de lui suggérer, s'affaissa de nouveau, ne respirant que du bout des lèvres, laissa retomber sa tête de côté, il était mort!! Son âme s'était envolée doucement entre les bras de notre Père qui est au ciel, au moment même où la dernière messe de la paroisse se terminait pour sa recommandation : c'était le 28 octobre, à huit heures et demie du matin !

Telle fut la fin de notre vénérable Curé, que tous ceux qui l'ont véritablement connu ont véritablement aimé; qui sous des dehors pleins de grâces et d'affabilité, mais aussi de réserve et de dignité, cachait un cœur rempli du dévouement le plus entier à ses devoirs et d'esprit de sacrifice; qui savait se faire tout à tous pour les gagner tous à Jésus-Christ, petit avec les petits, noble et grand avec les grands, poli et charitable avec tous. Tel est le vide que vient de faire parmi nous cette mort, qui pour avoir été pressentie, n'en est pas moins digne des plus grands regrets. Aussitôt après son décès, toutes les cloches s'ébranlèrent dans la vieille tour de l'église, pour aller porter la triste nouvelle à tous les

échos de la ville et de la campagne ; pour
l'aller porter au pauvre qui perdait en lui
une providence, à l'orphelin qui avait en
lui un père, à l'affligé qui trouvait en lui
un consolateur ; pour l'aller porter au riche
qui le respectait et le vénérait, à toute la
paroisse qui le chérissait comme un frère
et un ami, et enfin, au diocèse entier qui
faisait au trépas le sacrifice d'un de ses
prêtres les plus remarquables, sous le tri-
ple rapport de la science, du haut caractère
et de la sainteté. Aussi, comme au jour où
périrent Judas et les forts d'Israël, le peu-
ple pleura avec de grands gémissements.
La douleur était partout; Gannat, enseveli
d'une manière insolite à cette époque, sous
un vaste linceul de neige, était dans un
morne silence ; on ne se parlait qu'avec
les larmes aux yeux; et d'ailleurs, com-
ment ses habitants n'auraient-ils pas donné
quelques larmes à celui qui leur avait
donné trente ans de sa vie, et qui naguère,
offrait encore pour eux les souffrances de
sa longue et cruelle agonie.

On accourut à la chambre mortuaire,
transformée en chapelle ardente, avec notre cher défunt recouvert de ses habits sa-
cerdotaux et exposé sur un lit de parade.
Et là, nous qui en avons été les témoins;
là, en face de ces larmes, de ces soupirs,
de ces baisers déposés avec amour sur ses
mains, nous avons eu une idée de ce qui
se passe dans les cœurs, quand on y a jeté
par les plus nombreux bienfaits le germe
de toutes les reconnaissances. Pendant
deux jours que dura l'exposition du corps,

la chambre mortuaire ne désemplit pas; tous voulaient contempler une dernière fois ces mains qui les avaient tant de fois bénis, et qui, tant de fois, s'étaient remuées pour répandre des bienfaits ; contempler ce visage si plein de ce calme et de cette dignité, qui faisait le caractère distinctif de sa personne vivante, et qui se conserva jusque sous les sueurs du trépas; contempler cette bouche, qui tant de fois s'était ouverte pour dire à tous des paroles de lumière et de paix.

La cérémonie a eu lieu samedi 30 octobre, au milieu de l'affluence des fidèles et du clergé, malgré l'inopportunité du jour où elle se trouvait. M. l'abbé Barichard, vicaire général du diocèse, présidait à l'inhumation. Notre belle église s'était, pour la première fois, toute entière voilée de deuil. Ses voûtes si bien ornées par ses libéralités retentissaient des chants lugubres du chœur, des prières et des gémissements des fidèles. Le convoi mortuaire était précédé de toutes les écoles et pensions de Gannat, et suivi par quelques membres de la famille, ainsi que par les hiérarchies des différentes autorités de la ville. Et nous eûmes la douleur de laisser au champ du repos la dépouille mortelle de celui dont le souvenir est trop empreint dans nos cœurs, pour qu'il s'en efface jamais !

Recevez donc, cher défunt, ce témoignage de l'affection que vous portent ceux qui ont reçu votre dernier soupir. Nous ne voulions pas taire à ceux qui vous ont connu et aimé tout ce qu'il y a eu de véritablement grand et édifiant dans votre sainte mort. Permettez donc à ces mains qui vous ont fermé les yeux, de déposer sur votre tombe, à peine refermée, cette fleur de notre affectueuse reconnaissance ; recevez-la surtout de celui qui voudrait être le plus fidèle imitateur de vos grandes vertus, comme il en est le plus sincère admirateur.

L'Abbé Périgaud.

Gannat, ce 2 novembre, jour des Morts.

J. M. J.

GANNAT, IMP. D. DAUBOURG.

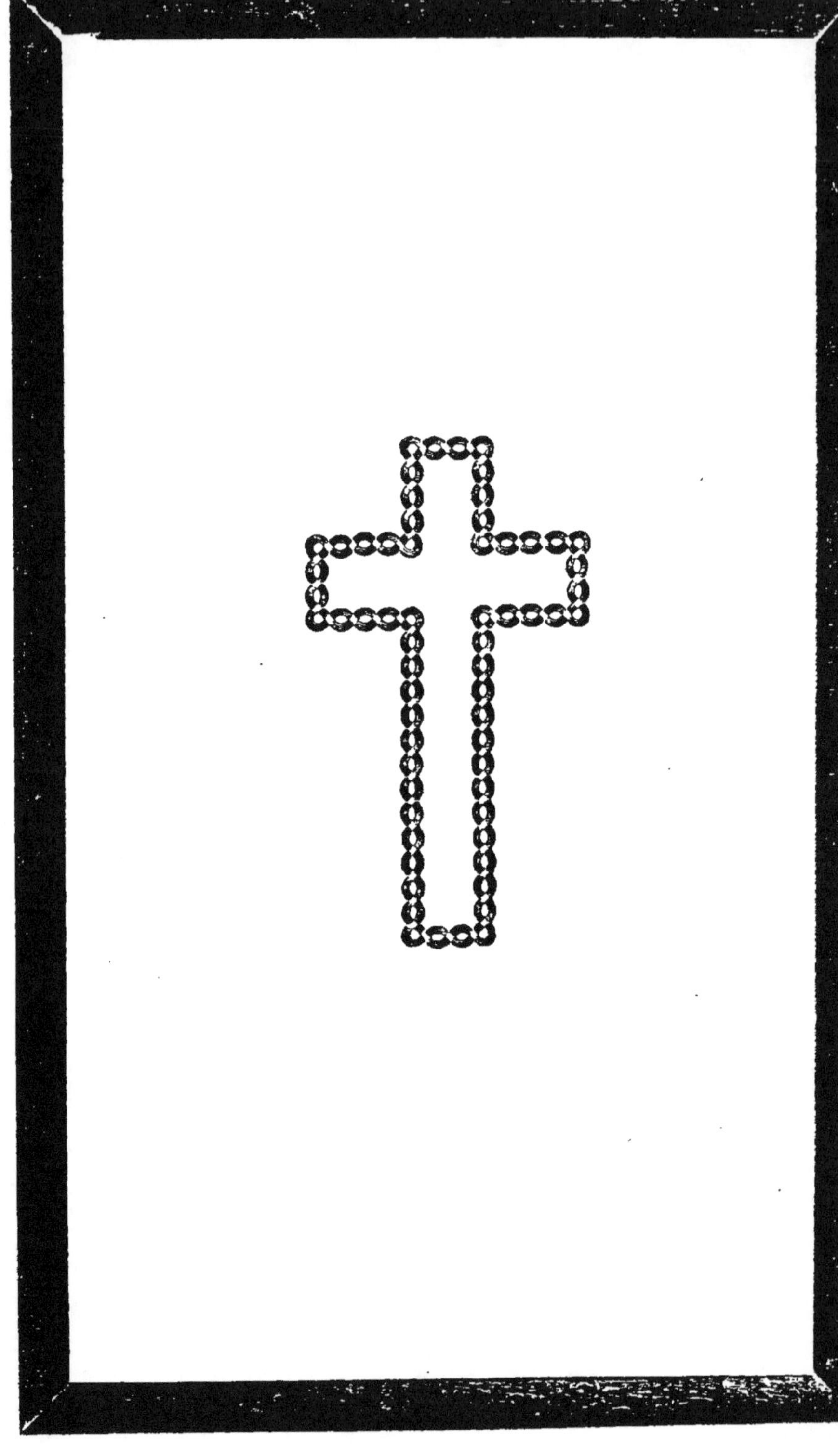

www.ingramcontent.com/pod-product-compliance
Lightning Source LLC
Chambersburg PA
CBHW051355050726
47595CB00006B/2562